Heinz Stauffer: ... u dr Dechel druuf

Heinz Stauffer

... u dr Dechel druuf

Mundartgedicht
Edition Francke
im Cosmos Verlag

Alle Rechte vorbehalten

© 1988 by Edition Francke
im Cosmos Verlag, CH-3074 Muri bei Bern
Lektorat: Roland Schärer
Umschlag: Stephan Bundi, CH-3005 Bern
Satz und Druck: Ott Druck AG, CH-3607 Thun 7
Einband: J.+M. Sauerer AG, CH-3097 Liebefeld

ISBN 3 305 00134 8

Inhalt

Es chätzertuusigs Gfüehl 7
Schärbebilder 12
Theater-Läbe 17
Dernäbe 18
Wehmuet 19
Ifersucht 20
Gägewärtig 22
Vernissage 23
Das isch eifach nid rächt 26
Erholig 29
We me vom Pfarrer redt 33
Hingerdüre 36
Di grossi Frag 38
Muetertag 40
UFO 43
I ha Poscht übercho 46
Fata Morgana 47
Uf den Alpen obe isch es herrlechs Läbe 48
… u cha nid 49
's isch schliesslech Sunntig 50
Heimatgfüehl 52
Nöirose 53
… het dr Lehrer gseit 54
Dr Läärlöifer 56

Bilanz 58
Zügnisbanknote 60
Warum? 62
Schteckchopf 64
Alternativ 65
Dä u die da 66
Das isch doch dr Liimgrueber 67
Schtandpunkt 68
… u dr Dechel druuf 69

Es chätzertuusigs Gfüehl

I

Weisch wi das isch,
weisch was das isch,
we's dr so unerchannt
gramüselet?

We's plötzlech chunnt
u nümme wott gah?
We's chräblet
u chutzelet,
sünnelet
u musiget?

I weiss,
wi das isch,
we's gramüselet:

De gramüselet's eifach.

Da chasch
mitem beschte Wille
nüt meh mache
weder Fröid ha dranne –

u's la gramüsele
u la gramüsele.

II

Es birebitzeli Wermi,
es Mümpfeli Glück,
es Schnäfeli Güeti?

Nei,
's isch meh.

D Wält umarme
wett i.
Aber si isch z gross.
Oder dr Liebgott,
wo se gmacht het
u d Mönsche.

E Schtei isch gschmulze,
es Tränebechli versickeret –
wäge denen Ouge,
wäge dere Schtimm,
wäge däm Härz,
wo einisch meh
für mii da isch.

Dankheigisch.

III

E Wüüsch Holzwule,
e Hampfele Schtahlschpän,
e Schufle Grien,
e Goon Wasser ...

Was ha ni äch
da eismal
im Chopf gha?
Was äch?

Nüt vo däm allem.

Eifach
nume
dii.

IV

Übere Chopf schtriichle
u nüt säge,
nume luege
u gschpüre,
schtill
d Hang drücke.

Nume luege

u nüt säge
u gschpüre.

Aber
chasch no so fiin,
chasch no so sachteli ...

Was wosch,
we d Haar
ungereinisch
z Bärg schtöh,
we ds Härz
aafat topplen u chnütsche?

D Liebi wott use
u alls übertöne,
jutzen u gumpe!

Masch se halt
nid ebha –

d Liebi wott use!

V

I möcht mit dir si,
wo niemer obe,
wo niemer näbe,

wo niemer unger,
wo niemer über –
wo nume du
näbe mir
u dr Liebgott
über üs.

Schärbebilder

I

E Liichezug vo fiischtere Gedanke,
e Lawine vo uflätige Wort,
e Bärg vo gägesitige Vorwürf.

Heidelärme.

E Schärbehuuffen am Bode,
es Müüssi am Chopf,
e Chräbel ufem Härz,
e Schatten uf dr Seel,
es Schwigen i den Ouge,
e Grabe zwüsche dir u mir.

Toteschtilli.

II

I ha dr Konkurs müessen aamälde.
Alli Müntschi,
hunderttuusig liebi Wort,
wo ni dür d Jahr düre

ghüetet un ufbewahrt ha,
mängi Hampfele voll vo Zärtlechkeite,
wo ni zämegraggeret ha,
wärden itz vergantet –
es Vermöge vo Liebi,
wo ni zämegschpart ha,
nie öppis drvo bruucht ha,
wird ufglöst,
wird verschlöideret –
weiss nid wohäre.

Verlumpet bi ni.

E Bättler.

III

U de d Ching?

Si überchöme
immerhin
i dr Ornig
Alimänt –
u ne Mueter,
wo dr ganz Tag
geit ga schaffe,
dass si ja nid
z churz chöme.

IV

Wi het si sech doch
uf ds Mal veränderet!
I kenne se überhoupt nümm.

Es dünkt mi,
das sig gar nid mi Frou,
es sig ganz en angeri:

dä Schritt,
dä Haarschnitt,
das Parfum,
das Lache,
di Usschtrahlig.

Usem Winter
isch
e Früelig worde,
usem Iischbärg
e Vulkan.

V

Vilicht
isch si geng eso gsi –
nume
ha ni es Brätt

vorem Chopf gha –
oder e Schpiegel,
wo ni schtändig
nüt weder
mii sälber
drinne ha gseh.

VI

Dr Chopf verlore
ha ni drufabe
u finge ne nümm,
bi nume no
e halbe Mönsch.

Ma mim Chopf
nid nacheschpringe,
ma nid dänke drmit –
es würd ihm
z hert wehtue.

Drum sitzen i
chopflos
jede Aabe
i dr Wirtschaft
vor mim Bier
u gschpüre
u ghöre

u gseh
gar nüt meh.

Toteschtilli
zmitts im
Heidelärme.

Theater-Läbe

Vor de Kulisse
louft's meischtens
wi am Schnüerli –
gschminkt,
koschtümiert,
u geit's nümm witer im Täxt:
me het ja dr Souffleur,
wo eim das vorchüschelet,
wo me vergässe het.

Hinger de Kulisse
trinkt me Wiisse
gäge ds Lampefieber,
schtudiert no gschwing
di schwirigschti Schtell
vo dere Rolle,
wo me z schpile het.
Dr eint fluechet vor sech häre,
dr anger bättet schtill.

Ds Publikum
erwartet öppis.

Dernäbe

Nume geng hü!
Nume geng gjuflet!
Nume geng gschprängt!

Nume geng hü!
Pressier u mach di uf d Socke –
aber chli gleitig!

Pressier –
nume geng hopp
un i d Hose!

Schpring uuf!
Ds Läbe fahrt dr süsch ab!

Dernäbe?
Hesch es verpasst?
's isch ohni dii abgfahre?

O jere!
Gsehsch nume no
ds Schlussliecht vom Läbe –
wi's verschwindet
i Näbel u Nacht.

Wehmuet

Es tuet weh,
we d geng nume
muesch säge
«Weisch no?»

Es tuet weh,
we d Vergangeheit
verroschtet,
wo d wettisch vergulde.

Es tuet wohl,
we sech wenigschtens
öppis
i d Gägewart schtreckt –

es Zweigli vilicht
mit emne Chnöpfli dranne.

Ifersucht

Es schtrubuusset mr
im Oberschtübli,
dr Barometer
zeigt uf «Schturm».

Es chuttet mr
dür ds Hirni düre
allergattig Wüeschts u Schwärs.

Es hocket ab,
es macht sech breit,
es chläbt u biisst,
es zwickt u pfiift.

De faat's a rumple,
sure, drääje,
faat a gixe,
faat a knacke –
wi nes uralts Rösslischpiil.

Höret uuf
u schtellet ab!
Es wird mr gschmuecht,
es wird mr schturm!

Schtürmi hin,
Schtürmi här:
itz wirsch gschüttlet,
wirsch erhudlet –
bis de gsehsch
u bis de gschpürsch,
dass es no vil Schtrübers git.

Gägewärtig

Geschter
isch
hüt
morn
gsi.
Ja,
itz
isch
grad
scho
gsi.
Einisch
isch
chürzlech
nie
gsi.
Drum
lue
geng,
dass
gägewärtig
itzen
isch.

Vernissage

Wo si o d Salzschtängeli?
Es het kener Salzschtängeli meh.
Das isch itz also dumm.
Ganz dumm.

Dä dert sött i doch kenne,
aber i cha ne mitem beschte Wille
grad nid heitue.
Dasch komisch.
Söll nen äch frage,
wär är sig?

I cha nüt drfür,
aber i ha eifach chalti Füess.
We ni nume ke Grippen uflise da inne.
Das chiem mr höchscht ungläge –
so churz vor de Ferie.

Seit da eigetlech niemer öppis?
Allem Aaschiin aa nid.
Hingäge chömi de eine
mitere Zithere,
het's vori gheisse.
Aber är isch no nid da.

I cha i gottsname
dr wiiss Wii
nid so bloss trinke,
süsch macht's plötzlech
tägg mit mr –
wi o scho.

Tatsächlech het's kener
Salzschtängeli meh,
o im hingere Ruum nid.

Dä, wo dert
vor däm blaue Bild schteit
u mit dr Frou
im grüene Chleid
diskutiert,
das chönnt fasch dr Maler si.
E Bart u längi Haar.

Abah,
we ni nume wüsst,
wär das isch –
dert bim Usgang,
weisch,
dä mit dere komische Pelzchappe.
Isch doch öppis cheibs
im Militär.
Aber was?
Mou, itz, wo ner sech gchehrt het,

itz chunnt's mr i Sinn,
gottlob.
Das isch doch üse Fäldprediger.

Schtärnebärg,
isch das eländ chalt da inne.
Vom Boden ufe chunnt si,
di verruckti Chelti.

I hätt gliich gschider
di gfüetterete Winterschue aagleit.
Jä nu,
mir göh scho gli wider –
u deheime
isch es zmingscht
umene Chutte wermer.
Un am füfabachti
chunnt übrigens dr Derrick.

Das isch eifach nid rächt

Es isch wahr,
dr Pfarrer het rächt,
dr Unggle Turi
het guet zu sim Züüg gluegt –
aber o mir
hei guet zu ihm gluegt.
Drum isch's eifach nid rächt,
dass er
kes Teschtamänt gmacht het.
Dr Notar
het mr afe gseit,
we kener Ching da sige,
de gönge zwee Drittel
a si Brueder
un a d Ching vo sire Schwöschter –
u numen e Drittel
a di Verwandte
vo dr vorverschtorbenen Ehegattin,
u zwar wägem usgschidene Sonderguet.
Das sige vierezwänzg Teile.
Die vo Bärgers Site,
wo dr Turi nidemal gchennt hei,
überchöme
achzäh vo dene vierezwänzg Teile –

für mii blibt
ei Vierezwänzgischtel,
wüll mi Mueter
lediglich e Halbschwöschter
vo dr Tante gsi isch.
We me vom Verchehrswärt usgeit,
wo ds Huus im einenachzgi
bim Abläbe vo dr Tante gha het,
de wäre das ungfähr
drühundertfüfzgtuusig –
minus
füfzgtuusig Hypothekebelaschtig,
minus
Beärdigungschöschte
u Honorar für e Notar
ezetera.
De blibe also für üsi Site
öppis bi hunderttuusig,
teilt dür vierezwänzg,
abzüglech
zwölfkomafüf Prozänt
Erbschaftsschtüüre.
Itz bruuchti schiergar
e Tascherächner.
Aber i muess es halt
de no einisch rekonschtruiere –
nach dr Grebt oder so.
Also so zwüsche drü u vier tuusig
wärde no blibe.

Nid grad dr Huuffe vil.
Ja ja, dä Unggle Turi,
so mängisch hei mr ne doch
im Altersheim bsuecht
un ihm Bluemen u Schoggela bracht.
U das isch itz alls,
was drbi useluegt ...
Wahrschiinlech het er
gar no nid a ds Schtärbe dänkt,
süsch hätt er is doch irgendwie
müesse begünschtige.
Am liebschte
würd i
dene dert äne
d Zungen useschtrecke,
we mr nid i dr Chilche wäre.
Dene,
wo itz d Niidlen obenab schläcke,
aber em Turi nie nüt drnaa gfragt hei.
U nach all däm
söll itz eine no chönne
bätte?

Erholig

Oh, wi isch doch das
so schön da obe!
Dr See,
dr Gletscher
u dert äne ds Doldehorn.
U ersch das Wätter,
di Klarsicht,
es git mr fasch öppis.
Das isch itz die Erholig,
wo mr dr Dokter empfole het,
Balsam für miner schwache Närve –
dä Fride vo dr Alpewält.

Lue,
dert isch d Doldehütte.
Gsehsch se,
chli witer änen ufem Gupf?
Wunderbar,
wuchtig
isch das Doldehorn,
aber o heimtückisch.
Letscht Wuche
si zwee abetätscht,
ungfähr drühundert Meter

ds Loch ab gsuuset.
Nume no nes Müesli
sig übrigblibe.
D Lüt vo dr Rettigsflugwacht
heig se vo de Schteine
müessen abchratze
un i Plastikseck abfülle.
Das muess mir ja es Luege si
für di Angehörige,
huss Marei!
U das alls zäme nume,
wüll di Schteckgringe
nid ufe Hüttewart
hei wölle lose,
wo ne dütsch u dütlech
gseit het,
wartet gschider no bis morn,
es isch es Gwitter im Aazug
mit Schteischlag.
Aber um z vertonnere
hei si halt gliich
uf dä Bärg ufe müesse.

Gli druuf
si si vo paarne Chempe
preicht worde –
so nach em Motto:
Wer nicht hören will,
muss fühlen.

Da nützt dr doch
o dr bescht Helm nüt meh,
we so ne Schteibroche
drufabe tonneret.

O dr hert Gring
nützt nüt meh.

Das isch doch ke Erholig.
Settigi Bärge si zum Aaluege da
u zum Fotografiere,
aber nid zum Druffumegogere.

Chumm,
mir müesse zum Sässelilift
u när zum Outo.
Es wird mr langsam
aber sicher schlächt.
Dert chöme nämlech
scho wider zwee drhär
mit Picklen u Seili ufem Puggel.
I darf mr's gar nid vorschtelle –
vilicht scho hüt aabe
si o die zwee
i Plastikseck verpackt.

Nimmt mi nume wunger,
wi mänge
dass a däm schöne Sunntig

wider abetätscht.
Morn
wärde mr's dänk
i dr Zitig chönne läse.

Tue itz dr Fäldschtächer ewägg,
mir wei z dürab,
mis Hüeneroug
tuet mr wider einisch weh
dass nüt eso.

We me vom Pfarrer redt ...

Aber-aber!
Grüengschprägleti Socke
zu de Beärdigungshose.
U das «Gopfridschtüdeli»
a dr Gmeinsversammlig.
Däm sini politischi Gsinnig –
drnäben e derige Wage.
Es füürzüntrots Hemmli
ungerem Talar,
uflätigi Ching
u ne bissige Hung.
E Farbfernseh,
e Hämondorgele,
e Frou
mit künschtlechen Ougewimpere.

Aber-aber!
Me geit doch nid i ds Wirtshuus,
tanzet doch nid am Familienaabe,
chouft dr Mixer doch nid im Discountlade,
geit doch nid bis am Morge ga jasse,
lachet doch nid bi beschtimmte Witze,
geit doch nid ufe Vita-Parcours
mit churze Hose!

Aber-aber!
Was isch o settigs!
Das git's doch nid,
nid bi üs!
Allwäg het er
dr Ärnscht vom Läbe,
het er dr Ärnscht vo sim Bruef
no nid richtig erfasst,
dänkt vermuetlech zweni
a ds Jüngschte Gricht,
so wi sech's für ihn
öppe wohl würdi schicke –
wo de garantiert sicher
o druf gluegt wird,
wi eine so drhärchunnt.
I gottsliebem Name,
's isch schlussändleche
si Sach,
we ner i de Turnhose,
i de grüengschpräglete Socke,
im rote Hemmli
wott gah.
Was wird das für ne Gattig mache
für üs u für üses Dorf.

Henu,
mir hei ne's öppe
mängisch gnue
la merke,

was üses Dorf
über ihn,
was üses Dorf
übere Himel
dänkt.

De wird ihm's halt
si Chef da obe
sälber müesse biibringe,
was sech ghört
u was sech nid ghört.

Du,
es het glüttet –
dr Pfarrer schteit dusse,
imene brandschwarze Chleid.
Hoffentlech
isch niemer
vo üsere Verwandtschaft
gschtorbe.

Hingerdüre

Du,
Fritz,
hesch du dr
Hans
itz chönne frage,
ob dr
Alfred
wüssi,
wi's em
Robärt
gieng?

Nei,
Gottlieb,
dr
Alfred
heig em
Hans
usgrichtet,
dr
Robärt
wöll's lieber
nid em
Alfred

säge,
sondern
grad
dir sälber.

Di grossi Frag

Weisch du äch,
was dr Unggle
sinerzit gseit het?
Ob Kremation
oder Ärdbeschtattig?

Isch ja gliich.
Sehr wahrschiinlech
het das für ihn
nid so ne grossi Rolle
gschpilt –
u merke tuet er's
ja o nümm.

Isch o wundersälten
i d Chilche –
u chuum einisch ufe Fridhof
zu sim Lina.

Aber vilicht weisch
pär Zuefall,
wo di Brieftäschen isch,
wo ner geng
mit sech umegfergget het?

Du hesch se ja früecher
mängisch i de Finger gha.
Si isch
schpurlos verschwunde.

Mit was zale mr
d Grebt
u dr Grabschtei
u dr gross Räschte?

Uf sim Bankbüechli
si nume no grad
hundertvieresächzg Franke.

Fahr du witer
mit denen Adrässe –
i muess unbedingt use
a di früschi Luft.

Muetertag

Mueter!
Wo si mini Turnschue?
Dr Trainer finge ni o niene!
Isch er no i dr Wösch?
Wo?
Was hesch gseit?
No im Tröchniruum?
Cheibe Mischt!
Hoffentlech isch er troche.

Mueter,
we d scho dobe bisch:
gheisch mr
di blaue Socken abe
u gisch mr no grad
e früschi Handseife vüre?

Hee!
Hesch mi nid ghört?
Wo bisch scho wider?

Nei,
I ma dr doch nid
überall häre nacherenne!

I warte,
bis d wider da bisch.

Isch dr Vatter
no nid uuf?
Är het doch wölle
ds Zmorge mache ...

Nei,
i nime halt nume
e Bitz Züpfe.

Mueter,
het's no amnen Ort
e wiisse Schuebändel?
Ja!
Für d Turnschue!
Dä da isch verschrisse.
Süsch cha ni nid
ga seckle
mitem père –
heisst das,
we ner
ändleche
würd ufschtah.

Chönntisch
nid afe siner Chleider
parat mache,

dass mr de grad chöi gah,
we ner uspfuuset het?

Mueter!
Wo bisch scho wider?
Was?

Ob d nid o wöllisch mitcho?
Chli Bewegig
tät dr sicher guet.
Du, wo d geng dinne hockisch.

UFO

Einisch meh
heig me z Amerika
so nes undefinierbars
Objekt gsichtet,
wo dür d Luft gfloge sig:
es fliegends Täller,
es Suppetäller –
emel dr Form naa ...
Geschter isch's i dr Zitig
abbildet gsi.
Ganz dütlech
het me's chönne gseh,
wi's über de Niagarafäll
desumegschwirrt isch.

Es isch nid zum Lache –,
aber i ha verwiche
o so öppis erläbt,
u zwar i dr Schwiz,
im Gantrischgebiet obe:
wi ne fahrendi Bettfläsche het's usgseh –
mit Vollgumiredli,
mit zwone Antenne
u mene violette Schlussliecht.

Bi dr Schtierehütte
isch si uftoucht,
di Bettfläsche,
het drü-viermal piipset,
sech um di eigeti Achs drääit –
u los isch's gange:
wi ne Sibechätzer isch si
d Gurnigelschtrass z dürab
um d Kurvene gsuuset.

Was gisch was hesch
bi ni uf mis Velo ghocket
un uuf u nache!

Aber z Rümlige nide
ha se leider
us den Ouge verlore.

Vorhär het's nämlech
no ganz uschaflig
gchlepft u pfiffe,
bis i gmerkt ha,
dass das dr hinger Pnö
vo mim Velo muess gsi si.

Ob ig äch
bi däm allem
ere sogenannte Sinnestüüschig
erläge bi?

Ne-nei,
het e Zitigsreporter gseit,
wo nim mit zimlech vil Hemmige
di gschpässigi Begägnig
bis i ds Detail
gschilderet ha.
Ne-nei, het er gmacht,
das git's tatsächlech!
Da mache mr grad
e ganzsitigi Reportage drvo,
es usfüehrlechs Interviu.
Im Summer hei mr sowiso
geng Platz zum Vergüde
i üsem Blatt.

De schtimmt di Gschicht
halt doch,
ha mr müesse säge.
Dä wird's schliesslech
wohl wüsse ...

Wi froh bi ni gsi,
ha ni doch zersch gmeint gha,
i heig sicher
e ghörige Sunneschtich verwütscht
ufem Gantrisch obe.

I ha Poscht übercho

I ha Poscht übercho,
e Brief ohni Margge,
ohni Poschtschtämpel,
ohni Adrässe,
ohni Absänder,
ohni Umschlag
u nüt drinne.

I gloube,
üse Brieftreger
gseht nümme guet.

Fata Morgana

I bi d Schtägen uuf grennt,
ha öppe drei Minute lang
müesse verschnuufe.

Drnaa ha ni glüttet.
Sofort
isch d Türen ufgange –
u wär
isch vor mr gschtange?
Niemer!

I ha minen Ouge
nümme trouet
u dänkt,
itz müess i aber
unbedingt
wider einisch
zum Zahnarzt.

Uf den Alpen obe
isch es herrlechs Läbe

Ds Oberland isch schön.
So schön.
D Schneebärge mit de Silberzagge,
d Alpechüe
mit de grosse Gringe,
mit Utter dass nüt eso.
Geisse,
wo über d Höischoberli gumpe,
Bärgburehüener,
wo di allerwältsgröschten Eier lege,
Bärgbureching,
wo dr zähjährig Bärgchäs widerchöie –
u di breiti Bärgbüüri,
wo ufem Hoger obe schteit
u mit dr Mischtgable
i ds Tal abe guslet –
u Turischte,
wo komisch zur Wösch useluege
u hinger u vor niene nachechöme.

... u cha nid

I wett gärn jasse
u cha nid.
I wett gärn hornusse
u cha nid.
I wett gärn schwinge
u cha nid.
I wett gärn jodle
u cha nid.
I wett gärn reklamiere
u cha nid.

I chume mr vor
wi nen Usländer.

's isch schliesslech Sunntig

Sunntig morge –
es wird gschosse.
Heil dir Helvetia!
I dr Predigpouse
e Fläsche Bier.
O Heimatland,
o Vatterland!
Itze schiesse mr aber
uf d Hunderterschibe.
Schwizer Präzision.
No chli chornschiebe
u d Schiessbrülle putze:
Heil dir Helvetia!
Z Dütschland git's
scho wider fei
e Raglete Bruuni.
E Nuller.
D Sunne het bländet.
U d Kommunischte
tüe nume drgliche,
wi we si nis wetten
i Rue laa.
Heil dir Helvetia!
Scho wider e Nuller.

Dr Tüüfu söll ne cho hole,
dä Charscht.
Chöit mr all zäme blase –
es git sowiso öppe ke Chrieg –
ganz sicher nid mit derewäg
blöde Gwehr.
I ga itz ga schpaziere.
's isch schliesslech Sunntig.

Heimatgfüehl

I ha geng
eso nes glungnigs Heimatgfüehl,
we ni z Chlote
usem Flugzüüg schtige –
eso nes Röschtigfüehl,
eso nes Biergfüehl,
eso nes Chäsgfüehl –
u schier
us jedem Eggen use
schmöckt's drzue
no so fein nach Gäld.

Nöirose

Nüt meh vo rosig,
nüt meh vo rosa,
nüt meh vo rot.

Alls zämen isch nöi,
vor allem aber
rotisch –
komplett
nöi u rotisch.

... het dr Lehrer gseit

Punktum,
het dr Lehrer gseit.
Da git's nüt dranne z rüttle.

U drmit baschta,
het dr Lehrer gseit.
Eso geit dr Pythagoras
u nid angers.
Us dir git's
garantiert
nie öppis,
het dr Lehrer gseit,
du fuuls Ei,
du bengalisch belüüchtete Quadratesel.

Leider isch er gschtorbe,
dr Lehrer.
I hätt ihm drum
für ds Läbe gärn zeigt,
wi men ohni witeres
o ohni Pythagoras
füf Hüserblöck cha ufschtelle –
u dass
füf mal füf

sozsäges i jedem Fall
hundert git.

Hütigstags
rächnet me
mit eren angere Methode.

Punktum.

Dr Läärlöifer

Dä cha sech
doch niene
schtill ha!

Nidemal
rüejig bim Gaffee
hocke
cha ner es ungrads Mal.

Nei,
är louft sogar
mitem volle Tassli
i dr Wonig desume
u versüderet
das Züüg.

Schier
wi nes ghetzts Wild
im Chäfig
chunnt er mr vor.

We ner no
bi dr Infanterie wär –
aber är het

ja nie Dienscht gleischtet –
u isch süsch
chuum einisch
amnen Ort gsi.

Hüt isch er
guet einesächzgi
u louft
nach wi vor
Tag für Tag
hin u här.

We ni di Kilometer
zämerächne,
wo dä i sire Wonig
zitläbens
gmacht het,
de wär er
zmingscht
zähmal z Paris,
sibemal z Wien,
füfmal z Rom,
zwöimal z Moskou
oder umgrächnet
rund
tuusigmal
ufem
Schtockhorn
gsi.

Bilanz

Eh –
wi isch das
nöime
denn
genau
gange?

Es chunnt mr
gwüss
nümm i Sinn.

Wohl,
itz chunnt's mr
wider i Sinn:
Es isch uf all Fäll
irgendwie
gange.

Es isch
ja
geng
gange.

Aber hüt

geit's nümm.
Überhoupt nümm.

Wi söll's
numen o
witergah?
Es chunnt
mr gwüss
nüt i Sinn.

Zügnisbanknote

Es Sächsi i dr Religion,
es Sächsi im Singe,
aber e glatte Dreier
im Rächne
un i dr Geographie.

Weisch,
was das heisst?

Dass es nie öppis Rächts
us dr git!

Mit Bätten u Singe
het no kene
si Familie chönne dürebringe.

We das nid gli besseret,
de weiss i o nüt meh.

Hingäge für ds Füfi
i dr Gschicht
u i dr Chemie
überchunnsch itz gliich
je es Zwänzgernötli,

dass d überhoupt gsehsch,
wo ds Gäld härchunnt.

Ig sälber
ha im Rächne
nämlech
geng es Sächsi gha.

Warum?

Mami,
warum luege
alli Lüt
däm Negerli dert
nache?

    He,
    wüll's dänk
    schwarz isch.

Warum
isch's de schwarz?

    Wüll's
    vo Afrika chunnt.

Vo dert,
wo so vil Ching
verhungere?

    Ja, leider.
    Bärbeli!
    Lis sofort
    dis Mütschli uuf!

Nei,
i ma's nümm.
Ds Negerli
söll's doch ässe.
I wott lieber Schoggela!
I wott Schoggela!

    Sä –
    u schwig,
    du Zwänggring!
    Es luegen is
    ja alli Lüt nache.

Warum?

Schteckchopf

I ha ja geng
gseit:
Lue de nume.

Itz
hesch
gseh.

I ha ja geng
gseit:
Du hesch es Brätt
vorem Chopf.

Itz
hesch's
gseh.

Alternativ

Mir hei wider en alti Näimaschine,
eini zum Tschalpe,
e versänkbari.

Choche tüe mr mit Holz,
glette mit em Cholenise.

Überall hei mr
Petrollampene montiert,
dr Schtoubsuger hei mr
mit emne guete Bäsen ersetzt.

Schlimmschtefalls
chöi mr d Wösch
ja de no usswärts gä
u zu de Fründe
ga fernsehluege.

Für das het me schliesslech
doch de no ds Outo,
wo eim halt mängs erschpart.

Dä u die da

Dä u die da,
wo geschter
bi üs
i ds Parterre
inezüglet si,
di trinki schiints
us Prinzip
ke Alkohol.

Nimmt
mi nume wunger,
vo was
dass die
überhoupt
läbe.

Das isch doch dr Liimgrueber

Dr Lehrer
sig o erchlüpft,
wo ner mit sine Schüeler
i Wald sig,
für Ameise z beobachte.
Das sig süsch eine,
wo nid so gleitig erchlüpfi.
Aber wo ds Sandra gseit heig:
Luegit,
dert obe bambelet öppis,
da heig er nid schlächt
drigluegt:
Das isch doch dr Liimgrueber,
heig er gmacht.
Vo däm hätt men itz das
doch zletscht erwartet.
Gseit heig er nie nüt
im Lehrerzimmer
u aagseh heig men ihm
o nie öppis –
nid im gringschte.

Schtandpunkt

We's einisch
Chrieg sött gä –
mit mir chöit dr
garantiert sicher nid rächne.
I ha ne schliesslech
nid erfunge.

We einisch
d Wält sött ungergah –
mit mir chöit dr
garantiert sicher nid rächne.
Si ghört sowiso
nume den angere.

Machet,
was dr weit –
aber wi gseit:
ohni mii.

I la mi doch nid
la kaputtmache –
für das ha ni
ds Läbe
doch de z gärn.

... u dr Dechel druuf

Was dä eis im Züüg desumefahrt
mit sim Töff,
we däm nume nüt passiert,
het ds Berthi gseit.
Dä fahrt mitüüriseel
no einisch
i ne Boum ine
oder i ne Muur.
Aber är het geng alls zäme
besser wölle wüsse –
u suberwui:
geschter isch du dr Töff
gleitiger gsi als är,
isch ihm ungerem Füdle furt
un i Thunersee use gschosse.
Ihn het's logischerwiis
drab gschlöideret.
Dr Räschte chöit dr
nech sälber usmale,
we dr chli Phantasie heit,
het ds Berthi gseit
u dr Dechel
fescht
uf d Ovomaltinebüchse drückt.

Heinz Stauffer

1942 geboren in Wattenwil bei Thun, ist Pfarrer in Aarberg.
1978 erschien sein erstes Buch «'s geit mi ja nüt a ...».

's geit mi ja nüt a ...
Mundartgedicht
64 Seiten

Die da obe
Bärndütschi Gschichte
114 Seiten

Zwätschgibele
Gedicht u Gschichte
128 Seiten

We si nid gschtorbe si, de schtärbe si no ...
Märli für Erwachseni
60 Seiten

Vo nüt chunnt eifach nüt
Bärndütschi Gschichte
124 Seiten

**Edition Francke
im Cosmos Verlag**

Fremd in der Schweiz

Texte von Ausländern
168 Seiten

«In einem sonnigen Sommer sind die Schweizer gesprächiger, sie lachen viel mehr. Wenn nur der Sommer ein wenig länger wäre!» Ausländer schreiben in deutscher Sprache über das Fremdsein in der Schweiz.

Klaus Schädelin

Zeitlupe Zytlupe

208 Seiten

«Klaus Schädelins ‹Zytlupe› - Texte sind zum Lachen, zum Weinen, zum Grübeln, zum Weitererzählen, zum immer wieder neu Entdecken.» (Berner Zeitung) Klaus Schädelins 25 Satiren in Mundart und in Schriftdeutsch.

Edition Francke
im Cosmos Verlag